Mehr Spaß am SEX

Jane Hertford

Mehr Spaß am SEX

BASSERMANN

In gleicher Ausstattung ist erschienen:
„Spaß am Sex" (ISBN 3 8094 0643 0)

Der Text dieses Buches entspricht den Regeln der neuen deutschen Rechtschreibung.

ISBN 3 8094 0644 9

Originaltitel: Pocket Guide to Enjoying Sex

Illustrationen: MC Picture Library
Übersetzung: Annette Kolb
Redaktion: Herta Winkler
Herstellung: Wilfried Sindt

Die Ratschläge in diesem Buch sind von Autorin und Verlag sorgfältig erwogen und geprüft, dennoch kann eine Garantie nicht übernommen werden. Eine Haftung der Autorin bzw. des Verlags und seiner Beauftragten für Personen-, Sach- und Vermögensschäden ist ausgeschlossen.

Gesamtkonzeption: Bassermann'sche Verlagsbuchhandlung, D-65527 Niedernhausen/Ts.

817 2635 4453 6271

Inhalt

Einleitung

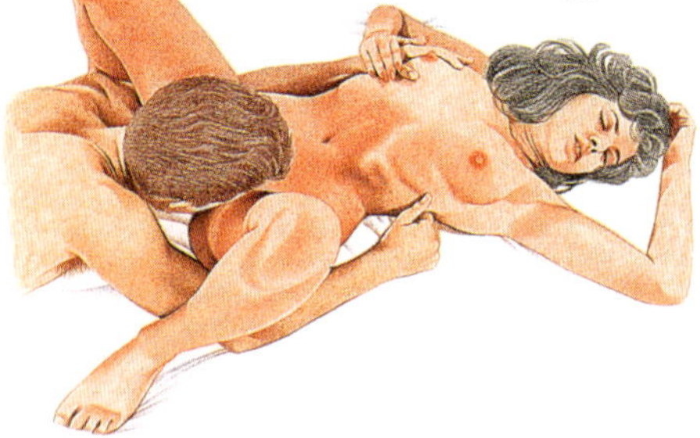

Aus dem weltberühmten Sexhandbuch ***Kamasutra*** *wissen wir, dass Liebespaare beim Sex aus mehr als 100 erotischen Stellungen wählen können. Aber Sex bedeutet viel mehr als nur zwei Körper, die einen Geschlechtsakt vollziehen.*

Beim Sex geht es nicht darum, 10 von 10 Punkten zu erreichen, sondern darum, gemeinsam Spaß an der Sache zu haben und dem Partner zu zeigen, dass man ihn liebt. Dies kann aber nur auf der Grundlage einer liebevollen und intakten Beziehung erreicht werden. In einer Atmosphäre, die von

Zärtlichkeit, Liebe und Vertrauen geprägt ist, können Sie sich Ihrer Hemmungen entledigen und dem Partner völlig öffnen. Dann ist guter Sex wie das Sahnehäubchen auf dem Eis.
Dieses nützliche kleine Buch zeigt Ihnen verschiedene Wege, wie eine Liebesbeziehung durch gemeinsame Fantasien und Rollenspiele erotischer und aufregender werden kann.

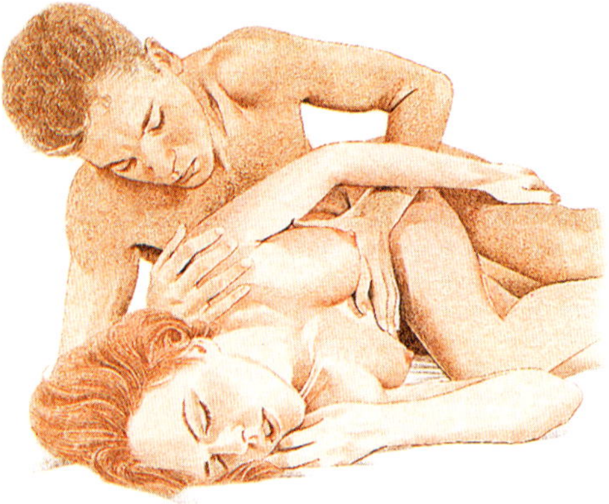

Sex beginnt lange vor der Schlafzimmertür. Ein langjähriger Liebhaber kann durch einen unerwarteten erotischen Telefonanruf mitten am Tag neu verführt werden. Oder durch einen Blumenstrauß, der anonym ins Büro geliefert wird.
Diese kleinen Zeichen der Aufmerksamkeit zeigen, dass die Flamme der Leidenschaft in Ihrer Beziehung immer noch brennt. Später kann die Verführung zu Hause natürlich vollendet werden.
Mit seiner großen Palette an kreativen Ideen für ein erotisches Ambiente und erregende Stellungen trägt dieses Buch dazu bei, dass Sie, was immer Sie auch ausprobieren, viel Spaß haben werden!

1

Verführung und Vorspiel

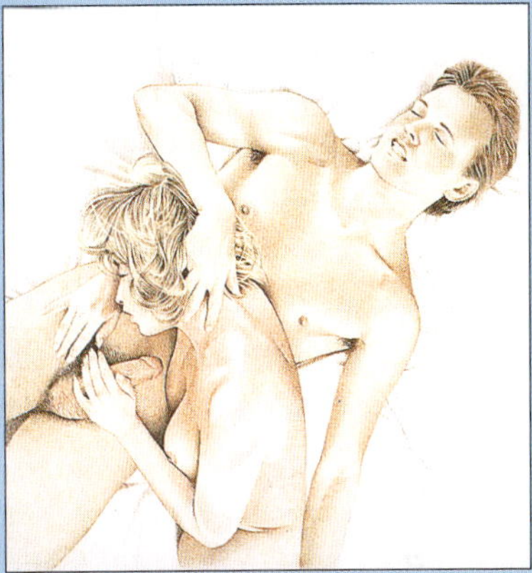

Sexy Striptease

Sich für den Partner aufreizend anziehen und ein anschließender Striptease können als Verwirklichung einer Lieblingsfantasie auf ihn und Sie eine stark erotische Wirkung ausüben und eine unwiderstehliche Aufforderung zum Sex darstellen.

***Ein gut gemachter Striptease** kann Ihren Partner so sehr erregen, dass er mitmachen will und Ihnen beim Ausziehen hilft! Bereiten Sie zuerst das Ambiente vor – legen Sie Musik auf, dimmen Sie das Licht, öffnen Sie eine Flasche Wein – und los geht's!*

Lassen Sie sich Zeit *– wählen Sie Kleidung, die Sie leicht ausziehen können, und bewegen Sie sich verführerisch zum Takt der Musik. Tanzen Sie aufreizend um Ihren Partner herum. Als Frau öffnen Sie langsam Ihren BH und wiegen Ihre Brüste leicht vor seinem Gesicht hin und her. Ziehen Sie Ihren Slip aus, und gleiten Sie mit Ihren Händen an den Genitalien und am Gesäß entlang.*

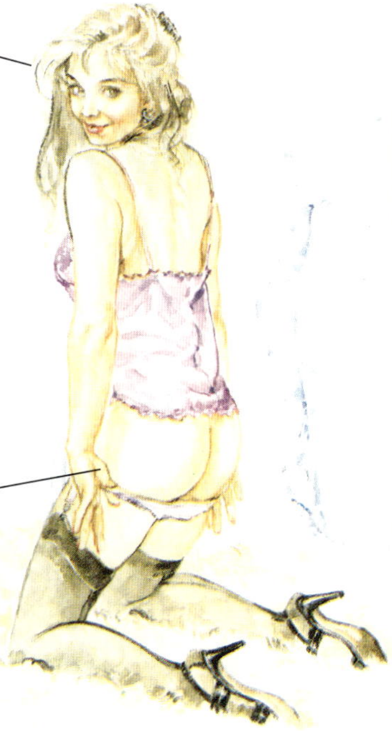

Ein Mann kann eine Frau ebenfalls durch sein deutlich erotisches Verhalten erregen, indem er langsam seine Krawatte löst und seine Kleidung ablegt. Bei dieser sexy Verführung darf Ihr Partner Sie nicht berühren!

Ziehen Sie Ihren Partner langsam aus. *Verweilen Sie bei jedem Kleidungsstück, und lassen Sie Ihre Finger leicht über seine Haut gleiten. Stimulieren Sie die Brustwarzen, und spielen Sie zärtlich mit seinem ganzen Körper. Wenn Sie das letzte Kleidungsstück – die Unterhose – ausgezogen haben, ist es an Ihrem Partner, sich bei Ihnen zu revanchieren!*

Überraschen Sie Ihren Partner, *indem Sie ihn völlig unerwartet ausziehen – zum Beispiel, wenn er sich nach der Arbeit vor dem Fernseher entspannt. Streifen Sie die Kleidungsstücke nacheinander ab, und lassen Sie sie einfach auf dem Boden liegen. Wenn die Zeit drängt, lassen Sie ihn halb angezogen und geben sich spontanem Sex hin.*

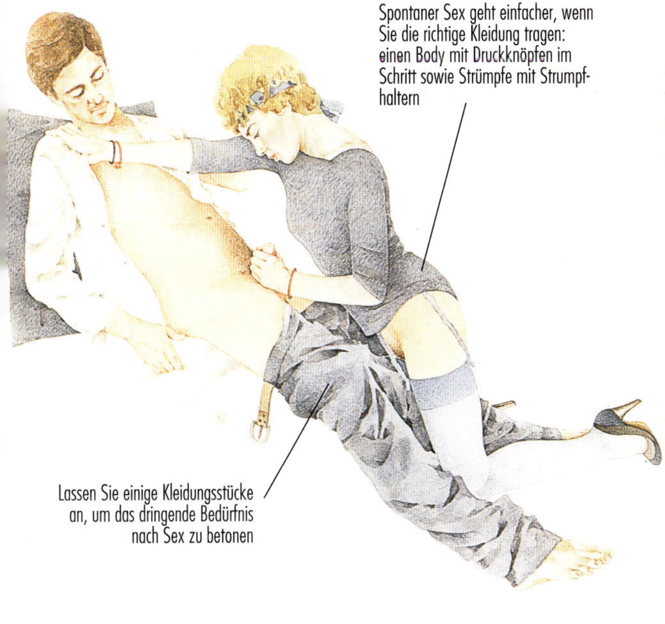

Massage

Geben Sie sich dem sinnlichen Vergnügen völlig hin: Erforschen, erregen und entspannen Sie Ihren Partner vor dem Sex mit einer erotischen Massage.

Erregen Sie Ihren Partner *mit einer kräftigen Massage. Reiben und zwicken Sie zuerst seinen Hals, die Schultern und den Rücken. Kneten Sie dann das Gesäß, die Oberschenkel und die Waden, und massieren Sie schließlich die Füße. Erforschen Sie den Körper Ihres Partners mit Händen, Fingern und Zunge, und variieren Sie Ihre Bewegungen, um verschiedene Reaktionen hervorzurufen.*

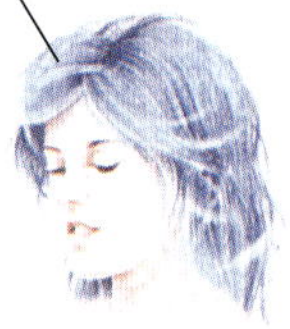

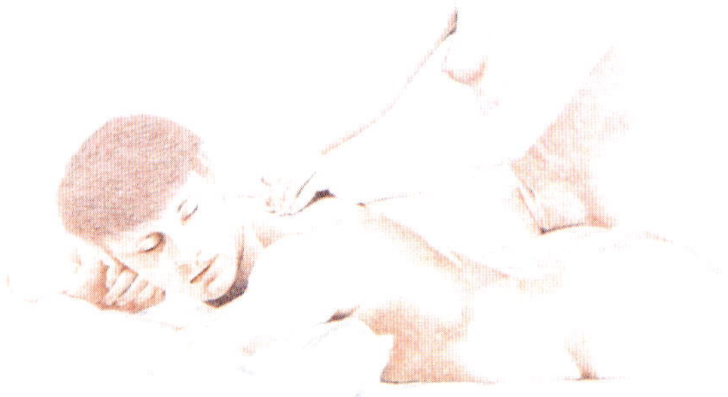

Verwöhnen Sie Ihren Partner, *indem Sie ihn überall mit Feuchtigkeitslotion oder Babyöl einreiben, und bedecken Sie ihn mit zarten Küssen. Lassen Sie Ihre Hände von den Zehen über die Beine bis zu den Genitalien wandern. Massieren Sie dann mit der einen Hand seine Schenkel und mit der anderen seinen Bauch. Berühren Sie die Genitalien nicht mit den Händen, sondern erregen Sie sie mit Ihrem heißen Atem. Verweilen Sie lange an der Brust: Vor allem Frauen mögen es, wenn ihre Brüste und Brustwarzen gestreichelt werden. Erst dann reiben oder streicheln Sie die Genitalien. Jetzt kann zum Geschlechtsverkehr übergegangen werden. Es kann jedoch genauso befriedigend sein, wenn der Orgasmus durch manuelle oder orale Stimulation bei der Massage hervorgerufen wird.*

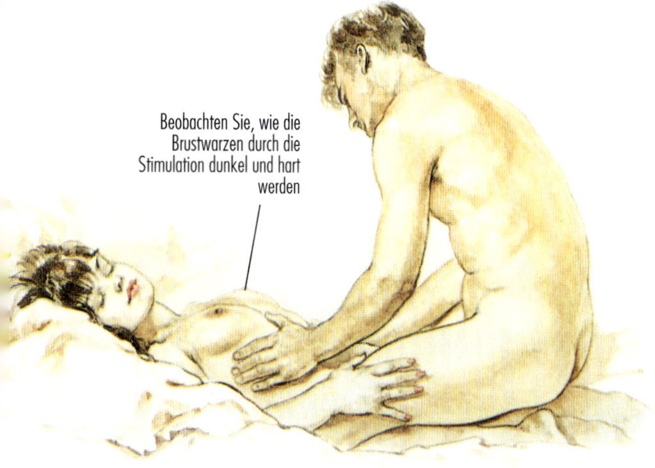

Streicheln

Streicheln ist ein wichtiger und lustvoller Teil des Vorspiels. Es ist ein Ausdruck Ihrer Gefühle für Ihren Partner, erregt die Sinne und verstärkt Ihre Orgasmen.

Streicheln, reiben und kitzeln *Sie sich mit Ihrem ganzen Körper. Eine Frau kann mit ihren Brüsten über die Brust ihres Partners streifen, wobei sie nicht nur ihn, sondern auch ihre Brustwarzen stimuliert. Er kann dann seinen Penis leicht über ihren Körper gleiten lassen, bis er ihre Genitalien erreicht.*

Lecken Sie Ihren Partner *zärtlich ab. Schmecken Sie das Salz auf seiner Haut: Knabbern Sie an seinen Ohren, und küssen Sie sie mit Ihren Zähnen und Lippen. Spüren Sie, wie er erschauert, wenn Sie mit Ihrer Zunge an seinem Rückgrat oder an seinen Brustwarzen entlangfahren. Stimulieren Sie Ihren Partner dann durch oralen Sex mit dem Mund.*

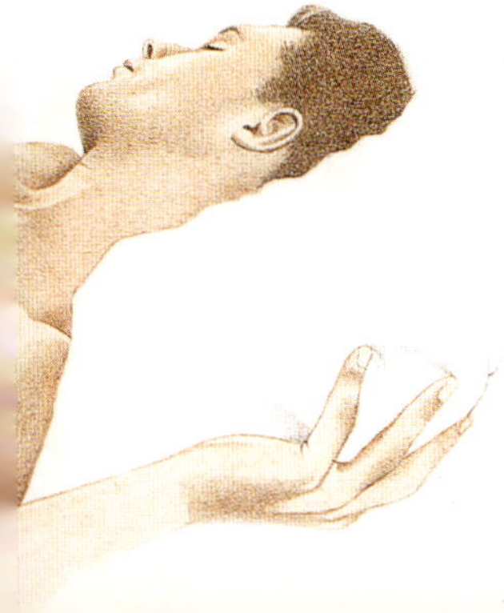

Erregen Sie die Sinne Ihres Partners, *indem Sie die Konturen seines Körpers mit einer weichen Feder nachzeichnen. Die zarte Berührung der Haut durch eine Feder ist sehr erregend und stimulierend. Wenn der Partner die Augen schließt oder Sie ihm die Augen verbinden, wird die erotische Spannung gesteigert – er weiß dann nicht, wo ihn die Feder als Nächstes berührt. Wenn der Partner nichts sehen kann, wird seine Empfänglichkeit für Ihre Berührungen oder andere Dinge größer.*

Genießen Sie Fell auf Ihrer Haut – *streicheln Sie Ihren Partner mit einem Stück Pelzimitat, oder lieben Sie sich auf einem Fellteppich. Experimentieren Sie mit anderen Materialien: Gummi und Leder sind sehr erotisch, Samt und Seide fühlen sich auf der Haut besonders weich und angenehm an.*

Verführerisches Essen

Essen kommt als sinnliches Vergnügen gleich nach Sex. Ein Liebhaber, der beim Essen einen herzhaften Appetit beweist, wird auch im Schlafzimmer unersättlich sein!

Regen Sie Ihren Appetit an: *mit einer Runde Sex am frühen Morgen. Machen Sie dann aus dem Frühstück ein Fest für die Sinne mit Champagner und luststeigernden Lebensmitteln wie Spargel, Weintrauben und Schokoladencreme.*

Lecken Sie Erdbeeren und Sahne vom Nabel Ihrer Partnerin

Bedecken Sie Ihren Partner mit köstlichen *Dingen, und lecken Sie dann alles zärtlich ab. Essen Sie einen reifen, saftigen Pfirsich vom Gesäß Ihres Partners, und verfolgen Sie den klebrigen Saft mit Ihrer Zunge. Oder träufeln Sie etwas Likör auf den Nabel, und lecken Sie ihn ab. Wenn Sie genug genossen haben, ist es an der Zeit, Ihren Partner zu verwöhnen. Nehmen Sie eine Portion Eiskrem in den Mund und gleichzeitig den Penis Ihres Partners. Die Kälte Ihres Mundes wird einen Seufzer lustvollen Schmerzes bei ihm auslösen. Machen Sie dasselbe mit ihr: Essen Sie etwas Eiskrem, und befriedigen Sie sie mit oralem Sex, solange Ihre Zunge noch eiskalt ist.*

Verhütung

Verhütung ist natürlich sehr wichtig. Kondome zum Beispiel verhindern nicht nur eine unerwünschte Schwangerschaft, sondern auch die Ausbreitung von sexuell übertragbaren Krankheiten und vom HIV-Virus.

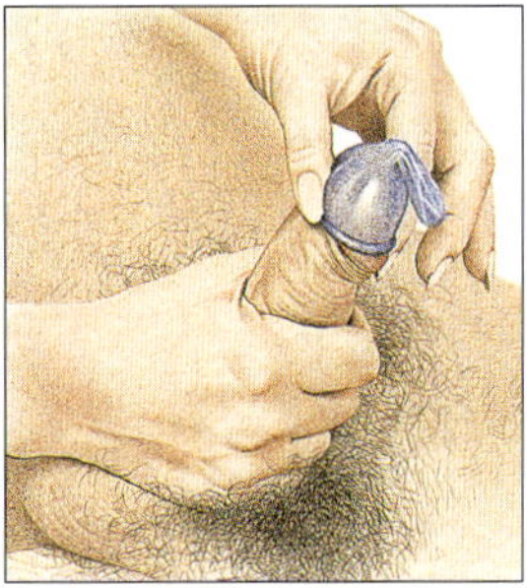

Wenn Sie ein Kondom verwenden, *setzen Sie das zusammengerollte Kondom auf die Spitze des erigierten Penis. Pressen Sie mit Daumen und Zeigefinger die Luft aus dem Kondom heraus, und schieben Sie die Vorhaut zurück. Halten Sie mit einer Hand den Penisschaft fest, und streifen Sie das Kondom mit der anderen Hand darüber.*

2

Erotisches Ambiente

Das Badezimmer

Für heißen, schlüpfrigen und dampfenden Sex ist das Badezimmer genau der richtige Ort. Es bietet für kreative Liebespaare vielfältige Möglichkeiten, Spaß mit Sauberkeit zu verbinden.

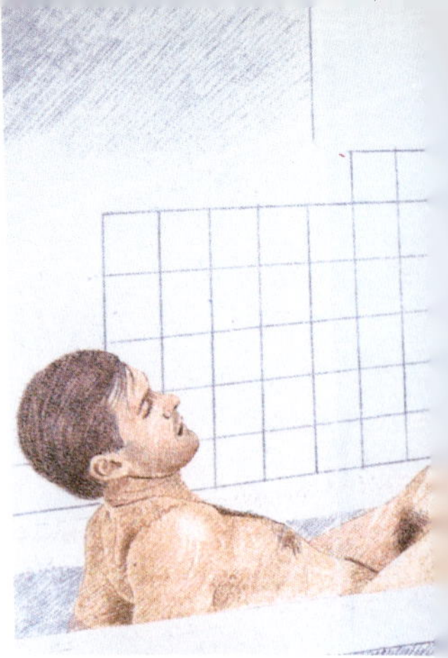

Während das Wasser einläuft, *lieben Sie sich vor der Wanne oder dem Waschbecken kniend oder auf der Toilette sitzend. Da in den meisten Badezimmern mindestens ein Spiegel hängt, hat das Paar genügend Möglichkeiten, sein Treiben im Spiegel mitzuverfolgen.*

Entspannen Sie sich bei Kerzenschein, *Duftölen, schäumendem Wasser und steigender Leidenschaft. Seifen Sie sich gegenseitig mit einem großen Schwamm ein, während Sie sich im duftenden Schaum räkeln. Sex kann in der engen Wanne etwas schwierig werden, aber der Auftrieb des Wassers hilft Ihnen, die Balance zu halten.*

Sex in der Dusche *wirkt erotisch und belebend. Da der Geschlechtsverkehr aber nur stehend möglich ist, müssen Sie aufpassen, dass Sie nicht ausrutschen. Unter dem prickelnden Wasserstrahl ist oraler Sex besonders erregend.*

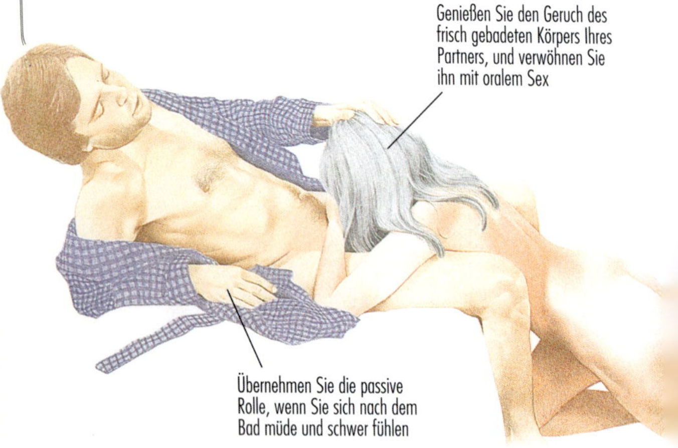

Fahren Sie mit dem Liebesspiel fort, *nachdem Sie beide die Wanne sauber, entspannt und warm verlassen haben. Trocknen Sie sich mit großen, flauschigen Badetüchern ab, und massieren Sie sich gegenseitig Duftöle oder Feuchtigkeitslotion in die Haut. Verlassen Sie dann, in ein frisches Handtuch oder einen bequemen Bademantel gehüllt, die dampfende Atmosphäre des Badezimmers. Ziehen Sie sich ins Schlafzimmer zurück, und lieben Sie sich dort von neuem. Wenn Sie abends kurz vor dem Schlafengehen gebadet haben, werden Sie sich jetzt herrlich schläfrig und schwer fühlen. Ihr Liebesspiel wird nun langsam und zärtlich vor sich gehen. Wenn Sie eine belebende Morgendusche genossen haben, sind Sie voller Energie – jetzt sind Sie bereit für wilderen Sex.*

Auf der Treppe

Wenn Ihre Lust aufeinander so groß ist, dass Sie nicht bis zum Schlafzimmer warten können: Warum sollen Sie sich nicht an einem etwas ungewöhnlicheren Platz im Haus lieben – auf der Treppe?

***Halten Sie Ihren Partner** beim Treppensteigen völlig unerwartet von hinten fest. Ziehen Sie ihn nach unten, knöpfen Sie seine Kleidung auf, stützen Sie sich am Geländer ab, und genießen Sie schnellen Sex auf der Treppe. Wenn Ihr Partner unbequem liegt oder der Teppich scheuert, platzieren Sie ein Kissen unter dem Gesäß.*

Die Küche

Treiben Sie wilden und spontanen Sex zwischen dreckigem Geschirr oder gegen die Waschmaschine gelehnt. Warten Sie, bis beide in Stimmung sind – aber warten Sie nicht, bis der Abwasch getätigt ist!

Spielen Sie „Eine verhängnisvolle Affäre" in Ihrer Küche nach. Überraschen Sie Ihren Partner von hinten mit einem Kuss auf den Nacken. Ziehen Sie sich so schnell wie möglich aus, und seifen Sie sich gegenseitig ein, bevor Sie sich mit oralem Sex an den Rand des Orgasmus bringen. Der Mann kann dann in seine Partnerin eindringen, indem er sie auf seinen Penis setzt, während ihr Gesäß auf der Spüle ruht.

Ein Küchenstuhl *ist das ideale Hilfsmittel für leidenschaftlichen Sex. Setzen Sie sich darauf, und nehmen Sie Ihre Partnerin auf den Schoß. Wenn die Frau ihrem Partner zugewandt ist, kann sie sich mit den Füßen an den Stuhlbeinen abstoßen und sich rhythmisch vor und zurück bewegen. Sie kann sich aber auch von ihrem Partner abgewandt mit den Händen am Boden abstützen und die Beine um seine Hüften legen. So kann er von hinten in sie eindringen. Obwohl die Bewegungsfreiheit eingeschränkt ist, ist dies für den gesäßfixierten Mann eine besonders erregende Stellung.*

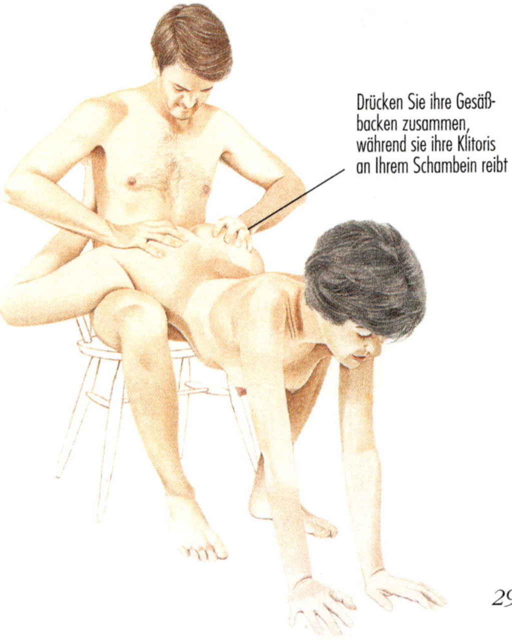

Das Esszimmer

Überraschen Sie Ihren Partner mit einem romantischen Abendessen zu zweit. Zünden Sie Kerzen an, und ziehen Sie Reizwäsche an (oder besser aus!), um den Appetit auf Sex anzuregen.

Das Essen *wird umso unvergesslicher, wenn Sie sich mit einem kurzen schwarzen Rock, einer Schürze und schwarzen Strümpfen als sexy Kellnerin oder mit einem blütenweißen Hemd und Fliege als Kellner verkleiden. Erregen Sie Ihren Partner beim Servieren: Entfalten Sie langsam seine Serviette, und streifen Sie seine Genitalien, wenn Sie sie ihm auf den Schoß legen. Schmiegen Sie Ihren Körper an seinen, wenn Sie sich über den Tisch beugen, um das Besteck zurechtzulegen. Ihr Partner wird schnell Appetit auf Sex bekommen – und er will Sie als Dessert!*

Benutzen Sie Tisch oder Stühle *als Hilfsmittel, wenn Ihre Leidenschaft während des Essens ausbricht. Die Frau kann seinen Penis im Sitzen oder Knien in den Mund nehmen, oder der Mann kann Cunnilingus vollziehen. Wenn beide zum Höhepunkt gelangt sind, können sie sich als „Hauptgang" auf dem Boden weiterlieben oder sich entspannen und den Rest des Menüs genießen.*

Ein gepolsterter Esszimmerstuhl ist ein ideales Hilfsmittel für Sex von hinten

Wohnzimmer

Machen Sie aus Ihrem Wohnzimmer ein Liebesnest. Wie müde Sie auch sein mögen – schlafen Sie nicht vor dem Fernseher ein. Engagieren Sie sich lieber bei wildem Sex auf dem Sofa oder bei akrobatischen Übungen im Sessel!

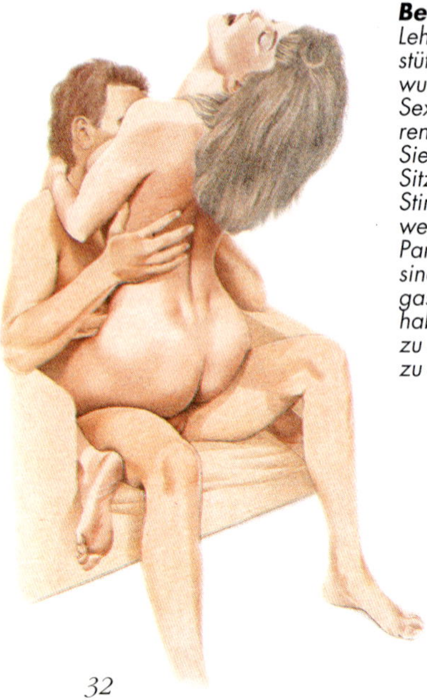

Bequem und weich, *mit Lehnen und Kissen als Unterstützung – so geben Sessel wunderbare Requisiten für Sexspiele ab. Experimentieren Sie damit, und erfinden Sie neue Stellungen. Sex im Sitzen bietet keine intensive Stimulation, da die Hüftbewegungen eines oder beider Partner meist eingeschränkt sind. Da der Weg zum Orgasmus jedoch länger ist, haben Sie mehr Zeit, um sich zu streicheln, zu küssen und zu erregen.*

Seien Sie erfinderisch *bei der Nutzung der Möbel. Nehmen Sie nicht die gängige Missionarsstellung auf der Sitzfläche des Sofas ein, sondern lieben Sie sich über die Kante der Rückenlehne gebeugt!*

Wenn sich die Frau auf dem Sofa zurücklehnt, *kann sie ihre Beine spreizen und sich entspannen. Ihr Partner kniet vor ihr und küsst und streichelt ihren Genitalbereich mit seiner Zunge.*

Sex vor einem knisternden Kaminfeuer *ist der perfekte Höhepunkt eines romantischen Abends. Wenn Sie zu Hause keinen Kamin haben, mieten Sie im Winter am besten ein Landhaus für ein Wochenende. Oder mieten Sie ein Chalet mit Kamin in einem Skigebiet. Machen Sie es sich zuerst so richtig gemütlich: Verteilen Sie Kissen auf dem Boden, bereiten Sie ein wärmendes Getränk zu, und löschen Sie alle Lichter. Ziehen Sie sich dann langsam aus, legen Sie sich auf den Boden, und genießen Sie die Wärme des Feuers.*

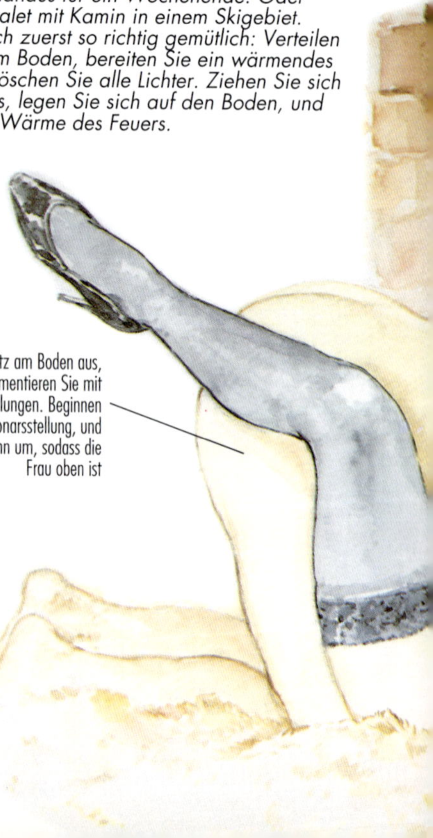

Nutzen Sie den Platz am Boden aus, und experimentieren Sie mit verschiedenen Stellungen. Beginnen Sie mit der Missionarsstellung, und drehen Sie sich dann um, sodass die Frau oben ist

Im Freien

Genießen Sie einen leidenschaftlichen Nachmittag mit der Sonne auf dem Rücken und einem leichten Windhauch auf der Haut. Um vor neugierigen Blicken geschützt zu sein, packen Sie den Picknickkorb, und machen Sie sich auf in die freie Natur.

Sex im Freien *bietet eine erfrischende Alternative zur alltäglichen Routine. Die Gefahr, entdeckt zu werden, steigert die Spannung. Gehen Sie aber kein Risiko ein, da Sex in der Öffentlichkeit in den meisten Ländern verboten ist.*

Wenn Ihr Garten abgeschieden liegt, können Sie dort Ihren Partner in Stimmung bringen, indem Sie seine Beine, Schultern, Schenkel und seinen Bauch zärtlich mit Sonnencreme einreiben. Wenn der Mann erregt ist, kann er die Frau auf seinen Schoß heben oder über den Gartentisch legen. Eine Hollywoodschaukel kann Ihnen eine neue Dimension Ihres Liebeslebens eröffnen!

Sex im Freien ist natürlich im Urlaub am schönsten. Es kann schwierig sein, einen einsamen Strand zu finden. Handeln Sie umsichtig, dann ist es relativ einfach und herrlich erregend, sich im warmen Meer zu lieben. Passen Sie auf, dass dabei kein grober Sand in die Scheide der Frau gelangt. Das kann nämlich äußerst schmerzhaft sein.

Suchen Sie sich eine einsame Wiese mit langem Gras und Wildblumen, und freuen Sie sich auf einen herrlichen Nachmittag

Legen Sie nur dann alle Kleidungsstücke ab, wenn Sie ganz sicher sind, dass niemand Sie stört

Wenn es für Sie unbequem ist, direkt auf der Erde zu liegen, sollten Sie eine Decke oder einen Mantel unterlegen oder sich im Stehen lieben

Rücksitz

Der Rücksitz des Autos ist ein idealer Ort für intimen, spontanen Sex. Suchen Sie ein abgeschiedenes Plätzchen auf, geben Sie Ihrem Partner grünes Licht, und kommen Sie bei Turbo-Sex in Fahrt!

Machen Sie Ihrem Partner Lust auf Sex, *indem Sie leicht über sein oder ihr Bein streicheln. Gehen Sie beim Fahren aber kein Risiko ein! Parken Sie das Auto an einem einsamen Ort, und legen Sie sich auf den Rücksitz. Küssen und streicheln Sie sich leidenschaftlich, gehen Sie dann zu oralem Sex über, reißen Sie sich die Kleider vom Leib, und schlafen Sie miteinander.*

3

Fantasie und Rollenspiele

Oben und unten

Schaffen Sie eine viktorianische Atmosphäre von unerlaubtem Sex zwischen Hausherrn und Dienstmädchen. Denken Sie sich Ihre eigene Version vom „Haus am Eaton Place“ aus.

Verkleiden Sie sich. *Der Mann sollte als strenge Autoritätsfigur einen schwarzen Anzug mit einem hohen, gestärkten Kragen anhaben. Das Dienstmädchen trägt eine schwarze Uniform mit Schürze und Häubchen. Obwohl sie nach außen hin spröde wirken sollte, trägt sie unter ihrer Uniform schwarze Reizwäsche, Strümpfe und hochhackige Schuhe. Sie beginnt damit, das Schlafzimmer mit einem Staubwedel abzustauben und wird dabei von ihrem Herrn überrascht.*

Jagen Sie Ihren Partner durch den Raum, und kitzeln Sie ihn dann mit dem Staubwedel

Die Szene wird realistischer, wenn Sie passende Requisiten und Kleider verwenden

Zuerst kann sie verschämt tun, dann sollte sie aber frech werden und ihren Herrn ausziehen. Danach legen sich Herr und Dienstmädchen ins Bett. Sie trägt noch ihre Strumpfhalter und die Spitzenunterwäsche und kitzelt ihn überall mit ihrem Staubwedel. Schließlich lieben sie sich in der „Hundestellung", wobei der Mann immer noch die dominante Rolle spielt.

Cowboy und Cowgirl

Haben Sie genug vom Leben und der Liebe in der Stadt? Satteln Sie Ihr Pferd, knallen Sie mit der Peitsche, und machen Sie aus Ihrem Zuhause eine Ranch!

Als Cowboy *sollte er einen Stetsonhut, eine Weste, Jeans und Westernstiefel tragen. Er könnte sogar eine Spielzeugpistole im Halfter haben. Sie ist ein verführerisches Barmädchen in einem knöchellangen Kleid, einem hübschen Häubchen und Stiefeln mit Knöpfen. Darunter trägt sie ein Spitzenkorsett. Als Cowgirl sollte sie einen langen Jeansrock und eine karierte Bluse anhaben, die unter der Brust zusammengeknotet ist. Er kann dann ihr Preisbulle sein, der durch den Raum gejagt wird.*

Cowboys ziehen ihre Stiefel niemals aus, auch nicht beim Sex!

Wenn Sie zu Hause eine Ranch imitieren, *sollten Sie daran denken, dass der süße Geruch von frischem Heu durch nichts übertroffen wird. Sie können es auf einem Bauernhof oder in einer Tierhandlung kaufen. Verstreuen Sie das Heu in einem geschützten Teil Ihres Gartens. Sie können aber auch in Ihrem Wohnzimmer etwas Platz machen und das Heu so auf einem großen Tuch verteilen, damit es nachher leicht entfernt werden kann.*

Halten Sie Ihr privates Rodeo ab: Die Frau fängt den Mann mit dem Lasso ein und besteigt ihn. In Hengstmanier versucht er, sie ins Heu abzuwerfen. Wenn beide auf dem Boden liegen, ist die Zeit für ein intimes Cowboyspiel gekommen! Wenn die Leidenschaft abgeebbt ist, schlafen Sie in inniger Umarmung ein. Stellen Sie sich vor, dass Sie neben der warmen Glut eines Campingfeuers unter dem Sternenhimmel liegen.

Easy Rider

Born to be wild! Der weiche Ledersitz, die glänzenden Metallteile, das kehlige Aufheulen der Maschine beim Start und die pulsierende Kraft des Motors sind wie geschaffen für schnellen und wilden Sex!

Sex bei hoher Geschwindigkeit *kommt nicht infrage, aber auf einem abgestellten Motorrad in der Garage kann es ebenso viel Spaß machen. Hier ist es geschützt und privat, es riecht nach Öl und Benzin – ein idealer Ort für Mitternachtssex. Gehen Sie um das Motorrad herum, bewundern Sie seine elegante Form und seine Kraft. Schwingen Sie sich dann auf den Ledersattel, und rutschen Sie provokativ hin und her. Der Fahrer berührt dabei Ihre Brüste, Schenkel und Ihr Gesicht mit seinem ölverschmierten Fingern. Wenn er über Ihnen hockt und sich an den Gummigriffen festhält, legen Sie sich nach hinten auf den Tank und führen seinen Penis ein. Wechseln Sie dann die Stellung, sodass Sie auf dem Fahrersitz sitzen. Stemmen Sie sich an den Pedalen ab, heben und senken Sie sich auf dem Penis Ihres Partners, und betrachten Sie sich dabei in den Rückspiegeln.*

Spüren Sie den Wind in Ihrem Haar, während Sie Ihren Partner vor Lust verrückt machen

Hochzeitsnacht

Nach einem unvergesslichen Tag sollte die Nacht genauso unvergesslich sein. Wenn Sie schon verheiratet sind oder zusammenleben, können Sie die Erinnerung an das wunderbare „erste Mal" wieder aufleben lassen.

Wenn Sie endlich allein sind *nach dem Trubel des Tages, ziehen Sie sich mit einem Glas Champagner ins Bett zurück. Da in dieser Nacht ein neues Kapitel im Leben beider Partner aufgeschlagen wird, sollten Sie sich langsam lieben. Nehmen Sie sich die Zeit, den Körper des anderen (wieder) zu entdecken. Küssen Sie das Oberteil ihres Kleides, lassen Sie Ihre Hände unter dem Kleid nach oben gleiten, und streicheln Sie sie zärtlich. Wenn er seidene Boxershorts trägt, nehmen Sie seine Hoden in die Hand und kitzeln Sie mit Ihren Fingerspitzen.*

Lassen Sie beim Sex einen Teil Ihrer Hochzeitskleidung an. *Cremefarbene Strümpfe und ein Perlenhalsband sehen sehr sexy aus, Zylinder und Frack können romantische Gefühle aus längst vergangenen Tagen wieder aufleben lassen. Legen Sie Musik auf – vorzugsweise ein Stück, mit dem beide schöne Erinnerungen verbinden. Ziehen Sie sich dann gegenseitig aus, und tanzen Sie langsam im Raum umher.*

Wenn Sie sich all Ihrer Kleider entledigt haben, steigen Sie in eine runde Badewanne oder, wenn Ihr Hotelzimmer darüber verfügt, in einen Whirlpool. Machen Sie Ihre eigenen, „speziellen" Hochzeitsfotos – wundervolle Erinnerungen an eine besondere Nacht, jedoch fürs offizielle Fotoalbum nicht geeignet!

Liebling der Lehrerin

Belohnen Sie Ihren Lieblingsschüler für seine guten Leistungen, und erteilen Sie ihm eine unvergessliche Lektion!

Da Sie unartig waren, müssen Sie nachsitzen. Während Sie zur Strafe „Ich darf mich in der Klasse nicht ausziehen" schreiben, merken Sie plötzlich, dass die Lehrerin sich über Sie beugt. Sie bietet Ihnen einen Apfel an – aber alles, was Sie sehen können, ist die Ausbuchtung ihrer wohlgeformten Brüste unter der strengen Bluse. Sie können sich nicht auf Ihre Arbeit konzentrieren. Sie beißt genüsslich in den Apfel und zu Ihrem Entsetzen merken Sie, was Sie geschrieben haben: „Ich darf mich in der Klasse nicht ausziehen, und ich würde mein Gesicht gerne zwischen den Brüsten meiner Lehrerin vergraben." Sie beugt sich vor und liest, was Sie geschrieben haben. Sie lächelt, knöpft langsam Ihr Hemd auf und führt Sie zärtlich hinter das Pult. Es ist Zeit zum Spielen!

Unartiges Schulmädchen

Zurück ins Klassenzimmer – nur diesmal werden Sie erregendere Lektionen lernen. Auch gegen Strafarbeiten haben Sie nichts einzuwenden!

Sie waren unartig *und müssen bestraft werden. Ziehen Sie sich passend an – einen kurzen Rock, vielleicht sogar einen Trägerrock, Söckchen, einen schlichten Hut und eine bis oben zugeknöpfte weiße Bluse. Darunter tragen Sie natürlich schwarze Reizwäsche!*

Der Lehrer hat gesehen, wie Sie sich aus seiner Mathematikstunde davongeschlichen haben. Er bringt Sie ins Klassenzimmer zurück, um Sie gehörig zu bestrafen. „Zieh das Höschen aus", befiehlt er. „Ich werde dich bestrafen." Er schlägt Sie dann mehrmals leicht mit dem Lineal. Es tut nicht weh, aber Sie empfinden es als absolut ungerecht. Es ist an der Zeit, dass auch er seine Lektion lernt! Sie knöpfen langsam Ihre Bluse auf, wobei der sexy BH darunter zu sehen ist. Der Lehrer steht bewegungslos da, er sieht erregt aus. Sie zerren ihn ins Bett, und vollenden Ihren Striptease quälend langsam über ihm. Dann tauchen Sie beide in eine wilde Biologiestunde ein!

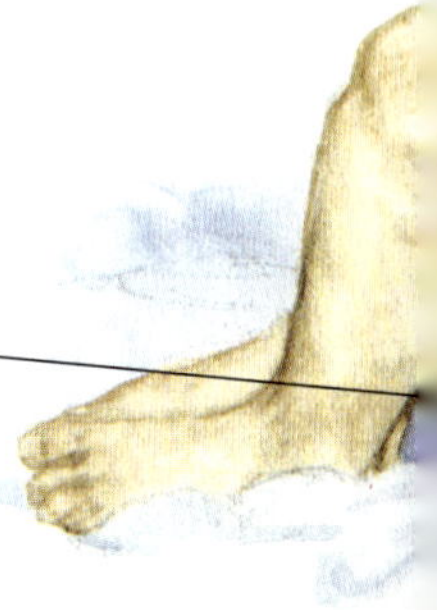

Tragen Sie weiße Söckchen, und flechten Sie Ihre Haare zu Zöpfen. Der süße, unschuldige Anblick täuscht über Ihre verführerische Natur hinweg

Arabische Nächte

Geben Sie sich ganz exotischen Fantasien hin. Er kann den Sultan spielen, sie das Sklavenmädchen oder Salome, die verschleierte Verführerin. Sein Wunsch ist ihr Befehl!

Verwandeln Sie Ihr Schlafzimmer in ein exotisches Wüstenzelt: Lassen Sie Vorhänge von der Decke herabhängen, und verteilen Sie Teppiche und Kissen auf dem Fußboden

Machen Sie Ihr Schlafzimmer *zu einer Oase des Genusses und der Lust. Verteilen Sie Teppiche und Kissen auf dem Fußboden, und stellen Sie kleine Schalen mit exotischen Leckerbissen auf. Zünden Sie Räucherstäbchen an, und legen Sie aufpeitschende östliche Musik auf. Der Sultan trägt nichts außer einem Turban, lehnt sich in die Kissen zurück und klatscht dreimal in die Hände: Sein Sklavenmädchen tritt ein. Sie ist in duftige Tücher gehüllt, trägt einen farbigen Edelstein am Nabel und Pailletten auf den Brustwarzen, die im Halbdunkel glänzen. Sie lässt die hauchzarten Schleier über seinen Körper gleiten, und massiert ihn mit duftenden Ölen. Dann zieht sie sich aus seiner Reichweite zurück und beginnt, sich langsam zu drehen und zu winden, wobei sie wie eine professionelle Verführerin ihre Schleier fallen lässt. Wenn der Sultan sich nicht länger zurückhalten kann, erfüllt sie seine Wünsche!*

Die glückliche Nutte

Schaffen Sie eine erotische, illegale Atmosphäre wie im Rotlichtbezirk, und geben Sie Ihrem Partner mehr, als er erwartet!

Schleichen Sie sich an Ihren Partner heran, *lecken Sie sich über die stark geschminkten Lippen und flüstern Sie: „Hey, du Hengst, willst du mal was erleben?“ Er wird wissen, was Sie meinen, und Ihnen willig ins Schlafzimmer folgen. Spannen Sie ihn auf die Folter, indem Sie ihn voll auf den Mund küssen und sich dann, wenn er darauf reagiert, neckisch abwenden. Streichen Sie mit Ihren Fingern über seinen Unterleib, damit er merkt, dass Sie es ernst meinen. Sagen Sie ihm dann, was Sie alles mit ihm vorhaben – Masturbation, Fellatio, Fesseln und Züchtigen – wenn er Glück hat!*

Schütteln Sie Ihren Umhang ab, und zeigen Sie Ihren schwarzen BH, Ihre Strumpfhalter, Netzstrümpfe und extrem hochhackigen Schuhe. Lassen Sie dann die Fantasie spielen. Wenn die Erregung fortschreitet, können Sie Ihre Unnahbarkeit und Ihr Desinteresse aufgeben, um sich mit Ihrem Partner einer Nacht voll unvergesslicher Lust hinzugeben.

Zum Diktat, bitte!

Wenn Sie durch Geschäftskleidung und Machtspiele im Büro erregt werden, dann bleiben Sie abends länger dort, und machen Sie unbezahlte Überstunden!

Sie rufen Ihre Sekretärin *zu sich ins Büro, um ihr einen Brief zu diktieren. Sie kommt etwas schüchtern herein und hält den Stenoblock mit der Hand umklammert vor der Brust. Ihre Brüste befinden sich auf Ihrer Augenhöhe, und Sie beginnen zu stottern. Sie stellt sich hinter Sie und massiert Ihre Schultern. „Sie sind so verspannt! Sie arbeiten zu viel." Sie ergreifen ihren Arm und ziehen sie auf Ihren Schoß.*

Sie löst ihr Haar *und wird zu einer aufregenden Verführerin – wie die besten Sekretärinnen im Film! Sie küsst wie wild Ihre Brust, und nimmt dann Ihren Penis in den Mund. Sie ziehen sie eilig aus, setzen sie auf Ihren Schreibtisch und lieben sie leidenschaftlich.*

Sportstunde

Die Gymnastik mit Ihrem Partner kann mit mehr als nur gut trainierten Muskeln enden. Lassen Sie zuerst Ihre Brustmuskeln spielen, alle anderen Muskeln kommen später dran!

Regelmäßige Übungen *tun Ihnen gut: Sie steigern Durchhaltevermögen, Gelenkigkeit und Muskelspannung und führen zu mehr Kraft und Beweglichkeit. Es macht viel Spaß, mit dem Partner zusammen zu trainieren, und die Nähe der leicht bekleideten, schwitzenden Körper ist eine erregende Vorstufe zum Sex. Denken Sie daran: Beim Sex verbrauchen Sie mehr Kalorien als bei Übungen am Pferd!*

Die wenigsten Leute haben einen Gymnastikraum zu Hause. Trainieren Sie deshalb mit anderen Gebrauchsgegenständen

Gymnastikkleidung *ist hauteng und verrät Ihre Körperformen. Wenn Sie auf muskulöse Männer oder gelenkige Fitnesslehrer stehen, können Sie nun Ihre erotischen Fantasien mit Ihrem Partner ausleben. Wenn er Ihnen bei den schwierigeren Übungen hilft, bewundern Sie die klaren Konturen seines Körpers. Wenn die Leidenschaft wächst, lenken Sie seine Hände in Ihre Shorts und lassen Sie ihn spüren, wie heiß Sie sind. Sie sind feucht vor Leidenschaft und bereit zum Sex!*

Heimwerker

Setzen Sie Ihren Sicherheitshelm auf, befestigen Sie Ihren Werkzeuggürtel, und steigen Sie von der Leiter herab – unten wartet harte Arbeit auf Sie!

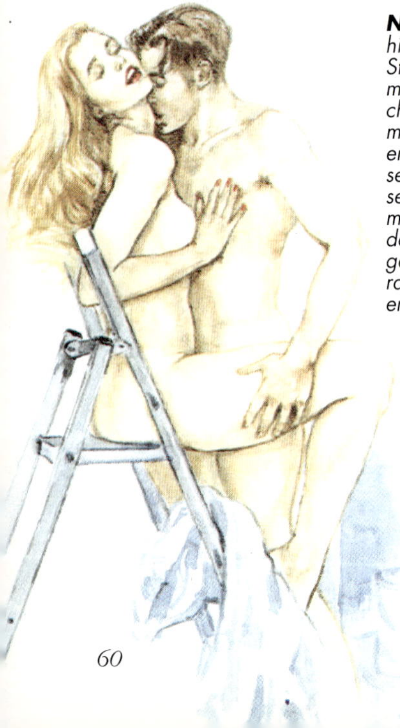

Nähern Sie sich ihm *von hinten, während er malt. Stabilisieren Sie die Leiter mit einer Hand, und streicheln Sie sein festes Gesäß mit der anderen. So merkt er, wie sehr Sie die Arbeit seiner Hände schätzen! Lassen Sie sich dann von ihm mit dem Farbabroller durch den halbfertigen Raum jagen, bis Sie sich seinen rauen Arbeiterhänden ergeben.*

4

Schlafzimmerspiele

Ringen

Fantasievolles, spielerisches Kämpfen lässt Ihr Herz schneller schlagen und ist ein effektvoller Auftakt zum Liebesspiel!

Das Ringen *mit dem Partner kann eine erregende Erfahrung sein. Beim gespielten Kampf atmen Sie schwerer, und Sie werden anfangen zu schwitzen. Dies ist der Ausgangspunkt für eine Nacht voll leidenschaftlichem, ungehemmtem Sex. Vergewissern Sie sich zuerst, dass alle zerbrechlichen Gegenstände entfernt wurden, und fangen Sie dann an. Kämpfen Sie sexy, aber gehen Sie dabei nicht unter die Gürtellinie, es könnte wehtun!*

Lassen Sie die Federn fliegen *bei einer kindischen Kissenschlacht. Kämpfen Sie nackt, das ist die erwachsene Variante des Spiels! Es gibt keine Regeln; schlagen Sie nur aufeinander ein, bis einer kichernd aufgibt oder das Kissen platzt und die Federn durchs ganze Zimmer fliegen. Wälzen Sie sich herum, suchen Sie viel Körperkontakt, und kämpfen Sie ernsthaft, aber verletzen Sie Ihren Partner dabei nicht. Verausgaben Sie sich bei diesem Spiel nicht, da sie sonst für die nächste, noch lustvollere Spielrunde zu müde sind!*

Fesseln

Bereichern Sie Ihr Liebesspiel durch eine Andeutung von Abenteuer, Gefahr und Hemmungslosigkeit. Die folgenden erotischen Machtspiele werden Ihre Fantasie anregen.

Fesselung, das ultimative Sexspiel, *verbindet Dominanz, Kontrolle und Unterwerfung miteinander. Der Partner wird dabei bewegungsunfähig gemacht, wodurch er vollkommen hilflos und auf Ihre Gnade angewiesen ist. Sie brauchen nur ein paar Fesseln und ein Bett mit Pfosten oder einem Knauf an jeder Ecke. Verwenden Sie weiche Seidenschals oder Strümpfe, um die Hand- und Fußgelenke Ihres Partners zu fesseln, damit er sich nicht wund scheuert. Wenn Sie Freude am Experimentieren haben, nehmen Sie Seile, Lederriemen oder sogar Ketten. Zu Ihrer eigenen Sicherheit sollten Sie nur leichte Knoten machen und immer ein Signal zur Freilassung Ihres Partners vereinbaren.*

Spielen Sie beim Sex eine dominante Rolle

Das Bett sollte an jeder Ecke Pfosten oder einen Knauf haben
Fesseln Sie Ihren Partner mit weichen Seidenschals oder Strümpfen

Wenn Sie Ihren Partner festgebunden haben, *können Sie frei experimentieren. Küssen und streicheln Sie ihn neckisch, was er nicht verhindern kann. Wenn beide es nicht länger aushalten, dringen Sie in Ihre Partnerin ein. Ihre totale Macht über Ihren Partner kann Ihre sexuelle Beziehung um eine Dimension erweitern.*

Legen Sie die Requisiten weg, *und kontrollieren Sie Ihren Partner nur durch sanften Druck. Wenn er auf Ihre Gnade angewiesen ist, lassen Sie Ihre Finger über seinen Körper wandern. Streifen Sie leicht die Genitalien, um ihn zu erregen, aber verweilen Sie nicht so lange, bis er zum Orgasmus kommt. Er wird vor Lust verrückt werden!*

Eine seidene Augenbinde *kann für beide Partner sehr sexy sein. Experimentieren Sie mit Lebensmitteln, Stoffen, der Zunge und den Fingern, um Ihren Partner zu stimulieren. Eine Rose oder Feder, die langsam über seinen Rücken streicht, wird Lustschauer durch seinen Körper jagen. Er wird wild werden, da er die Zärtlichkeiten nicht erwidern kann. Verlängern Sie die süße Qual ein bisschen, indem Sie ihm die Augenbinde abnehmen und außerhalb seiner Reichweite masturbieren.*

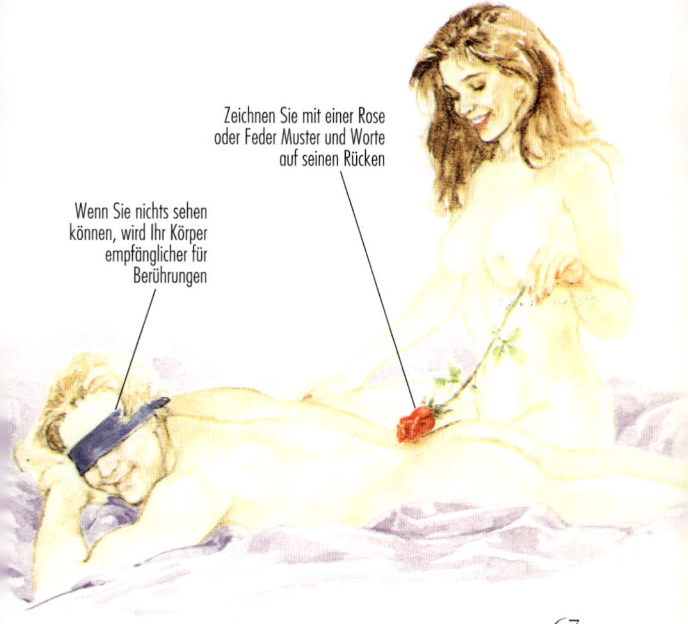

Sexspielzeug

Sexspielzeug bereichert Ihr Liebesleben, da es Spaß und Erregung mit sich bringt – sei es durch Stimulation, Kitzeln oder Erregen.

Penisringe *können die Erektion verlängern, sollten aber vorsichtig gehandhabt werden. Um ein Lächeln oder mehr hervorzurufen, können Sie Reizwäsche oder essbare Unterwäsche tragen. Kondome mit rauer Oberfläche oder farbige Kondome sehen aufregend aus und können in Ihrem Partner ungeahnte Gefühle hervorrufen.*

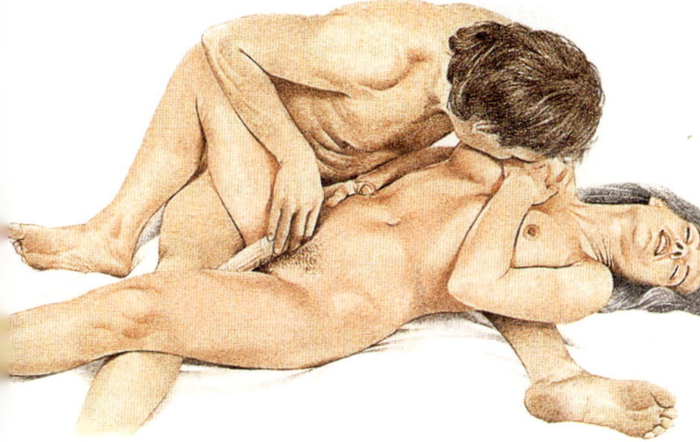

Batteriebetriebene Vibratoren *werden in verschiedenen Formen, Oberflächenstrukturen und Größen angeboten. Sie können intensive Orgasmen auslösen und Stunden höchster Glückseligkeit bescheren. Sie eignen sich sowohl für „privates" Masturbieren als auch fürs Liebesspiel mit dem Partner. Vibratoren können fast überall zur Anwendung kommen, einschließlich an Hodensack und Anus des Mannes und an Genitalien, Anus und Brüsten der Frau. Wenn eine Frau nicht gerade zahlreiche Stöße braucht, wird sie durch einen Dildo (künstlichen Penis) normalerweise keinen Orgasmus bekommen. Ein Dildo ist vor allem für den Mann optisch stimulierend.*

Voyeurismus

Machen Sie aus Ihren Sexspielen ein Theaterspektakel – mit Fotos, Videofilmen und Spiegeln. Es ist aufregend, in flagranti erwischt zu werden!

Sexfotos zu schießen *und sie später anzuschauen macht großen Spaß und ist sehr erregend. Warten Sie, bis Sie beide glücklich und entspannt sind. Einer von Ihnen macht dann die Schnappschüsse, während der andere sich aufreizend in Pose setzt: Sie in einem seidenen Morgenrock, der von einer Schulter herabgeglitten ist, er mit einem winzigen Handtuch um die Hüften. Werden Sie dann mutiger – machen Sie Schritt-für-Schritt-Fotos, oder wählen Sie ungewöhnliche Blickwinkel.*

Wenn Sie nicht selbst entwickeln, sollten die Fotos nicht zu eindeutig sein: neckisch, aber nicht schockierend!

Ein erotisches Video *aufzunehmen kann eine lustvolle Erfahrung sein und Sie wahrscheinlich mehr erregen als ein geliehener Film. Filmen Sie am besten zuerst einen Striptease oder eine Badezimmerszene. Ein langsamer Kameraschwenk über den nackten Körper Ihres Partners, der sich gerade in der Badewanne oder Dusche einseift, wirkt sehr erotisch. Der Höhepunkt des Films ist Ihr Geschlechtsverkehr. Aber der Spaß geht noch weiter: Spulen Sie das Band zurück, und schauen Sie sich den Film immer wieder an!*

Schauen Sie sich die Aufnahme beim Geschlechtsverkehr an!

Spiegel können *Ihr Liebesleben mehr bereichern als luststeigernde Cremes und Lotionen, wenn Sie fantasievoll eingesetzt werden. Es ist sehr stimulierend, wenn Sie die rhythmischen Bewegungen Ihrer Körper beobachten und sich aus immer neuen Blickwinkeln betrachten. Besonders für die Frau ist die Liebe vor dem Spiegel erregend, da sie nur in dieser Position sehen kann, wie der Penis Ihres Partners in sie eindringt. Dieser Anblick wird für Sie beide so lustvoll sein, dass Ihr Liebesspiel noch leidenschaftlicher wird. Dadurch, dass Sie die Position Ihrer Körper zueinander beobachten können, werden Sie auch in der Lage sein, Ihre Liebestechniken zu verbessern.*

5

Perfekte Stellungen

Masturbation

Masturbieren verschafft nicht nur Lust, es ist auch eine der besten Methoden, Ihren Körper zu erforschen und dabei herauszufinden, was Sie am meisten erregt und befriedigt.

Durch Selbstbefriedigung *entdecken Sie das erotische Potenzial Ihres Körpers. Sie ist der erste Schritt auf dem Weg zu befriedigenderem Sex mit Ihrem Partner: Wenn Sie wissen, welche Berührungen Sie erregen, können Sie sie in Ihr Vorspiel integrieren. Es kann eine hocherotische Erfahrung für Sie beide sein, wenn Sie Ihrem Partner erlauben, Ihnen bei der Selbstbefriedigung zuzusehen oder sogar mitzumachen.*

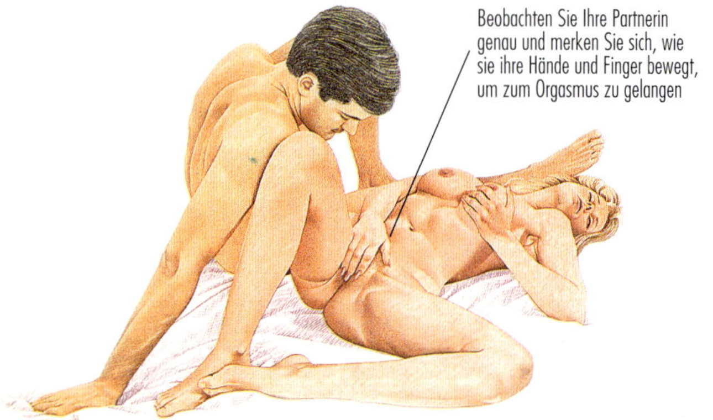

Streichen Sie sanft *über den Scheideneingang und die Schamlippen Ihrer Partnerin, bevor Sie ihre Klitoris massieren. Wenn der Orgasmus naht, erhöhen Sie das Tempo und den Druck Ihrer Bewegungen. Streicheln Sie ihren ganzen Körper, knabbern Sie an ihren Ohren, und saugen Sie an ihren Brüsten, das steigert die Erregung.*

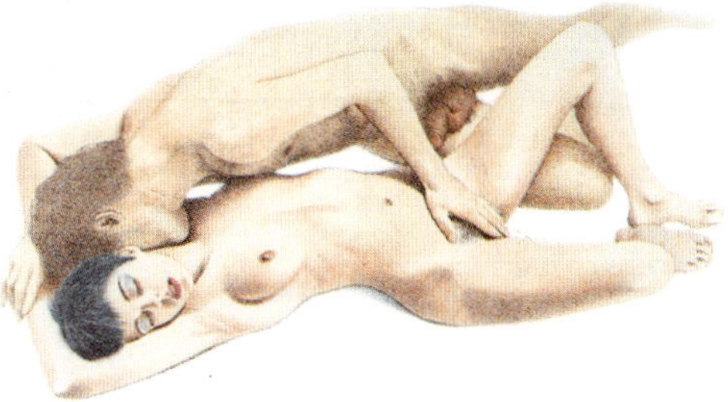

Massieren Sie *den Penisschaft Ihres Partners mit festen, rhythmischen Handbewegungen. Beim Auf- und Abbewegen der Hand sollten Sie mit Daumen und Zeigefinger immer die empfindliche Eichel massieren. Halten Sie ab und zu inne, um andere Körperzonen zu stimulieren: Drücken und streicheln Sie seine Brustwarzen, Hoden und den Anus.*

Oraler Sex

Oraler Sex kann eine eigenständige sexuelle Erfahrung sein – er ist genauso erregend und befriedigend wie der traditionelle Geschlechtsverkehr.

Fellatio *wird von Frauen an Männern ausgeübt. Lecken, küssen und saugen Sie zärtlich an seiner Eichel, und massieren Sie gleichzeitig den Penisschaft mit festen, rhythmischen Bewegungen. Steigern Sie das Tempo, wenn sein Orgasmus naht. Wenn Ihr Partner kein Kondom benutzt und Sie nicht möchten, dass er in Ihren Mund ejakuliert, sollten Sie ihn jetzt mit der Hand befriedigen oder zum Geschlechtsverkehr übergehen.*

„Neunundsechzig" oder „69". *Verschaffen und genießen Sie die Lustgefühle bei dieser Stellung gleichzeitig. Dabei ist entweder der Mann oder die Frau oben, oder beide liegen Seite an Seite. Einer oder beide Partner können zum Orgasmus gebracht werden. Diese Stellung kann auch Teil Ihres Vorspiels sein.*

Cunnilingus *wird von Männern an Frauen ausgeübt. Lecken Sie mit Ihrer Zunge zart über die Klitoris, und dringen Sie mit der Zungenspitze ab und zu in die Scheide ein. Erregen Sie Ihre Partnerin spielerisch, und wenden Sie sich immer wieder von Ihren Genitalien ab, um die Innenseiten ihrer Schenkel zu stimulieren. Mit den Händen massieren Sie ihr Gesäß und ihren Anus.*

Der Mann ist oben

Bei diesen Stellungen fällt dem Mann die aktivere Rolle zu. Das Paar hat viel Körperkontakt, und die Tiefe des Eindringens kann beeinflusst werden.

Die Frau *muss bei dieser Stellung keine passive Rolle übernehmen. Mit Hilfe ihrer Hüften und Knie kann sie die Tiefe des Eindringens und das Tempo bestimmen. Wenn die Frau ihre Hüften mit Kissen unterlegt, ihre Schenkel an die Brust heranzieht und die Beine um den Hals ihres Partners legt, ist ihr Becken so nach oben geneigt, dass ihr Partner sehr tief in sie eindringen kann. Da der Samen des Mannes dabei weit in die Scheide, direkt an den Muttermund gelangt, ist diese Stellung ideal für Paare, die sich ein Kind wünschen.*

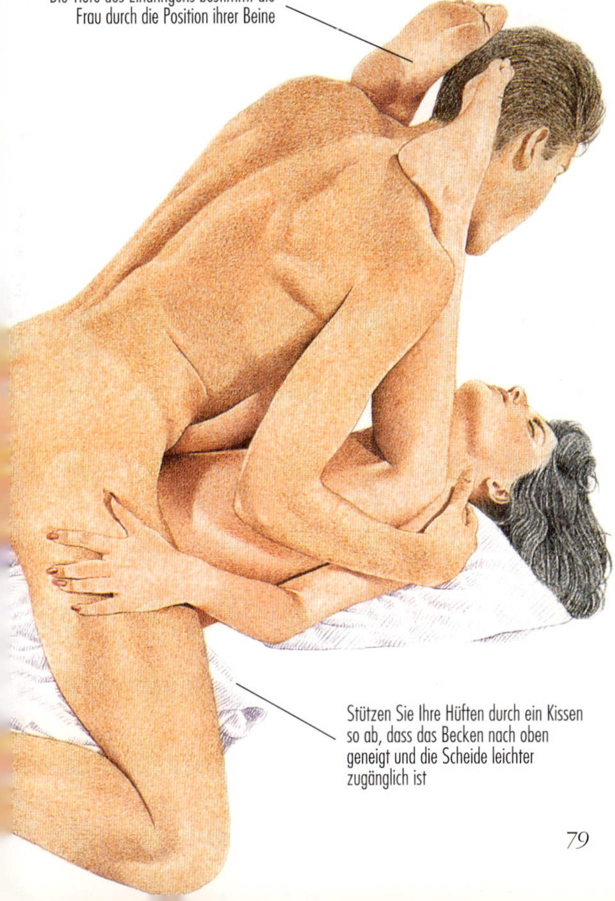
Die Tiefe des Eindringens bestimmt die Frau durch die Position ihrer Beine
Stützen Sie Ihre Hüften durch ein Kissen so ab, dass das Becken nach oben geneigt und die Scheide leichter zugänglich ist

Wenn die Frau am Bettrand liegt, *kann der Mann aus einer halb stehenden Stellung in sie eindringen, was kraftvolles Stoßen möglich macht. Er verlagert sein Gewicht auf die Hände und kann so beim Stoßen die Tiefe seines Eindringens beeinflussen. Durch ihre erhobenen Beine sind die Beckenbewegungen der Frau eingeschränkt. Wenn sie aber die Knie gegeneinander presst, kann sie den Penis ihres Partners fester umschließen. Durch sein Stoßen wird sie vor- und zurückgeschaukelt, was sehr lustvoll ist.*

Die Missionarsstellung *ist ideal für Paare, die sich zärtlich lieben wollen. Die beiden Partner haben viel Körperkontakt und können sich, da ihre Gesichter so nahe beieinander sind, leicht küssen. Durch Anspannen des Gesäßes, Stoßbewegungen nach oben und gleichzeitiges Kreisen der Hüften im Rhythmus der Stöße kann die Frau schnell zum Orgasmus gelangen.*

Die Frau ist oben

Das etwas andere Liebesspiel: Vertauschen Sie die traditionellen Rollen, und überlassen Sie der Frau die Initiative. Das kann für beide Partner außerordentlich erregend sein!

Wenn die Frau *mit dem Gesicht zu ihm gewandt auf ihrem Partner sitzt, ist sie in ihrer Bewegungsfreiheit nicht eingeschränkt. Sie kann ihre Klitoris stimulieren, während der Mann ihren ganzen Körper mit den Händen streichelt. Wenn sein Penis in sie eingedrungen ist, kann die Frau das Geschehen so stark beeinflussen, wie es ihr in keiner anderen Stellung möglich ist. Sie kann sowohl Tempo und Rhythmus der Bewegungen kontrollieren, als auch den Winkel und die Tiefe des Eindringens.*

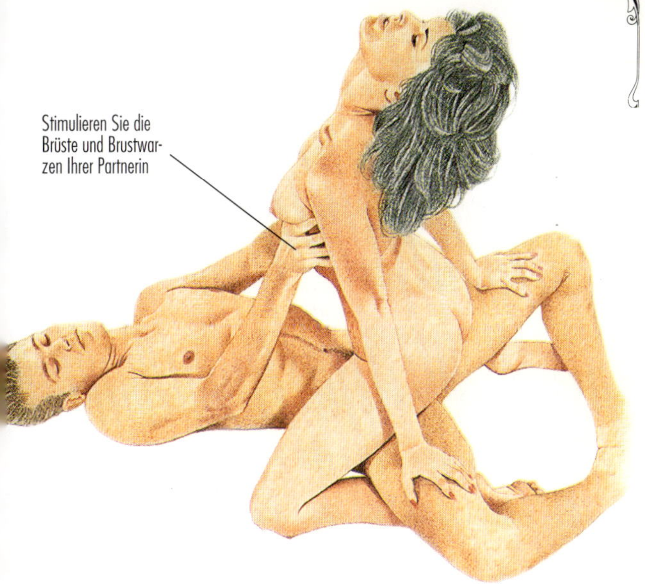

Wiegen Sie sich vor und zurück, *um Ihre Scheidenwände und Klitoris zu stimulieren. Beugen Sie sich vor, um Ihren Partner zu küssen und Ihre Klitoris an seinem Schambein zu reiben. Lehnen Sie sich zurück, damit die Spitze seines Penis Ihren empfindlichen G-Punkt an der Scheidenvorderwand reizt.*

In dieser Stellung kann sich die Frau richtig dominant fühlen. Der Mann genießt dabei die Reaktionen seiner Partnerin und den Anblick seines Penis, wie er durch ihre Bewegungen in ihre Scheide hinein- und herausgleitet.

Streicheln und drücken Sie Gesäß und Anus Ihrer Partnerin, während Sie das Eindringen Ihres Penis beobachten

Wenn sie mit dem Rücken zu ihrem Partner auf ihm sitzt *und sich mit den Knien abstößt, kann die Frau die Tiefe seiner Stöße beeinflussen. Obwohl diese Stellung durch die abgewandte Haltung nicht gerade vertrauensvoll ist, fördert sie das Ausleben erotischer Fantasien. Der Mann kann den Anblick ihres Gesäßes genießen und ihren Rücken und ihre Seiten streicheln. Die Frau kann leicht zwischen ihre Beine greifen, um ihre Klitoris und seinen Hodensack zu massieren.*

Bei allen Stellungen, bei denen die Frau sich oben befindet, sind die Erektions- und Ejakulationsreflexe des Mannes verlangsamt, wodurch er nicht so schnell zum Orgasmus kommt. Um ihn sogar noch weiter hinauszuzögern, kann er seiner Partnerin ein Zeichen geben, worauf sie seinen Penis in die Hand nimmt. Sie drückt die Spitze der Eichel fest zwischen ihren Fingern, bis die Erektion zurückgeht. Sie kann ihren Partner dann von neuem erregen, und das Liebesspiel geht weiter.

In dieser Stellung ist die Penetration tief, und der Penis massiert den G-Punkt der Frau

Liebe von hinten

Von hinten in die Frau einzudringen ist eine belebende Alternative zu den üblichen Stellungen – es macht Ihr Liebesleben abwechslungsreicher.

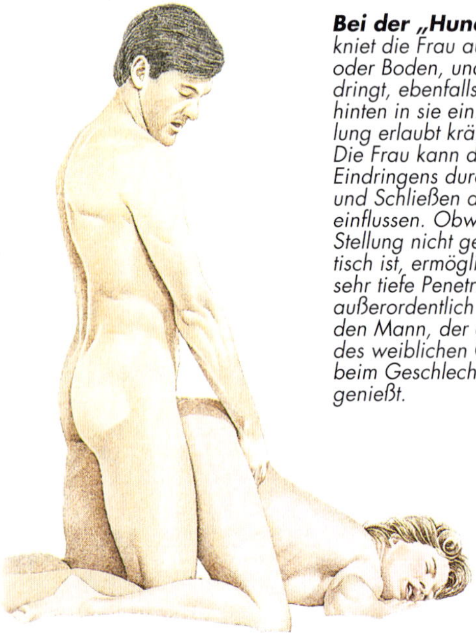

Bei der „Hundestellung“ *kniet die Frau auf dem Bett oder Boden, und der Mann dringt, ebenfalls kniend, von hinten in sie ein. Diese Stellung erlaubt kräftige Stöße. Die Frau kann die Tiefe des Eindringens durch Öffnen und Schließen der Beine beeinflussen. Obwohl diese Stellung nicht gerade romantisch ist, ermöglicht sie eine sehr tiefe Penetration und ist außerordentlich erregend für den Mann, der den Anblick des weiblichen Gesäßes beim Geschlechtsverkehr genießt.*

Diese Stellung ist ideal *für ein entspanntes, langsames Liebesspiel. Der Mann kann dabei Hals, Schultern und Brüste seiner Partnerin streicheln. Die Frau liegt auf dem Bauch, der Mann legt sich zwischen ihre gespreizten Beine, stützt sich dann auf ihre Schultern und dringt von hinten in sie ein. Die Penetration wird noch tiefer, wenn die Frau ihr Gesäß anhebt und der Mann sein Gewicht auf die Unterarme verlagert. Dann kann er mit aller Kraft stoßen. Die Frau kann durch die Tatsache, dass sie wie ein Tier von hinten genommen wird, außerordentlich erregt werden. Sie schwelgt in Fantasien, in denen Dominanz und Anonymität eine Rolle spielen, während die empfindliche Scheidenvorderwand durch den Penis ihres Partners intensiv stimuliert wird.*

Seite an Seite

Diese Stellungen ermöglichen vollen Körperkontakt. Sie sind bequem und besonders dann geeignet, wenn vertrauensvolle Nähe gefragt ist.

Bei der „Löffel"-Stellung *dringt der Mann von hinten in seine Partnerin ein. Er kann dabei ihre Brüste und Schenkel streicheln, während sie sowohl ihre Klitoris als auch seinen Anus und Hodensack stimuliert. Diese Stellung ist besonders dann geeignet, wenn die Frau schwanger ist oder erst vor kurzem ein Kind geboren hat.*

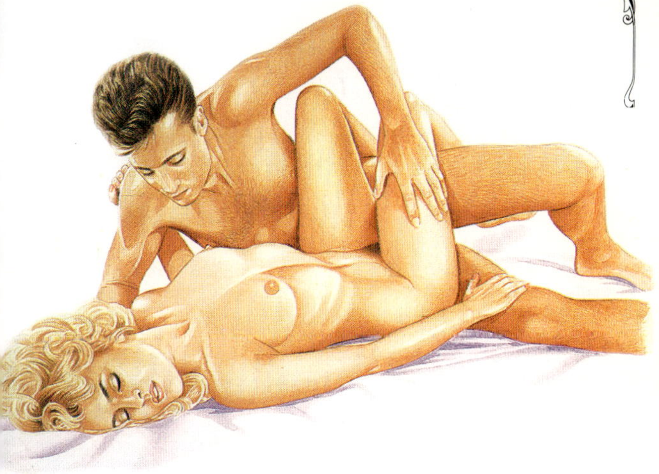

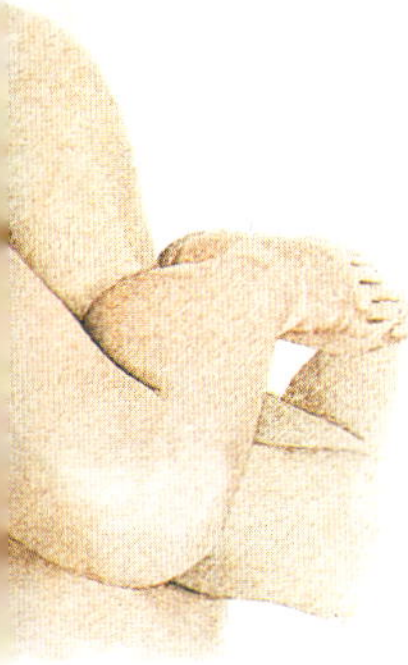

In dieser überkreuzten Stellung *ist die Penetrationstiefe ziemlich gering. Die Frau muss vielleicht sogar ihre Beine zusammenpressen, um zu verhindern, dass der Penis ganz herausrutscht. Beide Partner haben die Hände frei, um ihre Körper zu erforschen und sich gegenseitig zu streicheln. Kitzeln und massieren Sie das untere Ende der Wirbelsäule Ihres Partners – ein empfindlicher Bereich, der leicht stimuliert werden kann.*

Sex im Stehen

Stehende Stellungen eignen sich wunderbar für spontane Liebesspiele, bei denen Zeit und Platz begrenzt sind. Falls Sie nicht beide sehr kräftig sind, sollten Sie sich dabei irgendwo anlehnen!

***Stehende Stellungen** sind perfekt für spontanen Sex in ungewöhnlicher Umgebung wie zum Beispiel einer Flugzeugtoilette oder einem Badezimmer auf einer Party. Sie brauchen sich dabei nicht einmal auszuziehen – die Kleidung kann während des kurzen und süßen Liebesakts einfach hochgehoben und weggeschoben werden. Die Penetration ist sehr gering, wenn der Mann seine Partnerin nicht gerade hochhebt und auf seinen Penis setzt. Diese Stellung ist jedoch ideal für eine Frau, die viel Stimulation in der Scheidengegend braucht.*

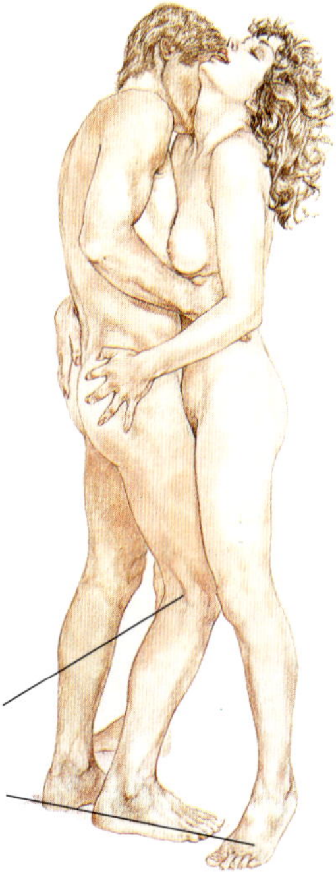

6

Nachspiel

Ausklang

Wenn die Leidenschaft nach dem Liebesakt abebbt, sollten Sie in Ruhe miteinander reden und sich umarmen. Geben Sie Ihrem Partner das Gefühl, wirklich geschätzt und geliebt zu werden.

Massage. *Nach dem Sex sollten Sie sich bei Ihrem Partner mit einer beruhigenden, entspannenden Massage bedanken. Massieren Sie die Hals-, Schulter- und Rückenmuskeln mit langen, ruhigen Bewegungen. Küssen Sie Ihren Partner ganz zart entlang der Wirbelsäule, und vernachlässigen Sie die Arme und Beine nicht: Reiben und küssen Sie sanft die Finger und die Zehen. Ihr Partner wird glücklich sein über diese liebevolle Zuwendung. Er sollte das Gefühl bekommen, dass er begehrt und geschätzt wird – was natürlich zutrifft!*

Baden. *Entspannen Sie sich mit Ihrem Partner in einem warmen, duftenden Bad. Das parfümierte Wasser reinigt, beruhigt und heilt. Seifen Sie Ihren Partner mit einer Cremeseife ein. Machen Sie dabei langsame, kreisförmige Bewegungen, und konzentrieren Sie sich besonders auf Rücken und Schultern.*
Sie können aber auch eine belebende Dusche nehmen. Der warme, prickelnde Wasserstrahl der Dusche kann einen müden Körper herrlich erfrischen. Lassen Sie den Strahl langsam auf dem Rücken Ihres Partners von oben nach unten wandern, bevor Sie ihn mit duftendem Duschgel einreiben. Lassen Sie ihn dasselbe mit Ihnen tun, und trocknen Sie sich mit großen, flauschigen Handtüchern ab. Dann reiben Sie sich gegenseitig mit Feuchtigkeitslotion oder Puder ein.

Schläfriger Sex. *Bevor Sie eng umschlungen einschlafen, sollten Sie sich Zeit für all die kleinen erotischen Streicheleinheiten nehmen, die beim etwas sportlicheren Liebesspiel vielleicht zu kurz gekommen sind. Das Küssen und Schnuppern an den Ohren, das zärtliche Liebesgeflüster und sanfte Streicheln des Partners – all das sind Zeichen der Liebe und des Begehrens, die Ihr Vertrauen und Ihr Gefühl der Geborgenheit in Ihrer Beziehung stärken.*
Wenn Sie am nächsten Tag dann noch etwas verschlafen, aber ausgeruht erwachen, können Sie die Flammen der Leidenschaft durch Sex am Morgen wieder entfachen!

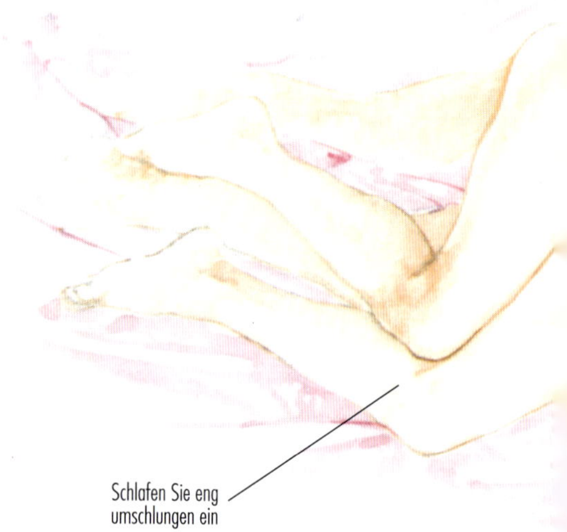

Schlafen Sie eng umschlungen ein

Ein zärtlicher Liebhaber zeigt seiner Partnerin auch nach dem Sex, dass er sie begehrt, schätzt und umsorgt

Register